Todos los libros de Linkgua Ediciones cuentan con modelos de Inteligencia Artificial entrenados por hispanistas. Pregúntale al chat de tu libro lo que desees acerca de la obra o su autor/a.

Para ebooks: Accede a nuestro modelo de IA a través de un enlace.

Para libros impresos: Escanea el código QR de la portada con tu dispositivo móvil.

Obtén análisis detallados de nuestros libros, resúmenes, respuestas a tus preguntas y accede a nuestras ediciones críticas generativas para una experiencia de lectura más enriquecedora.
La transparencia y el respeto hacia la autoría de las fuentes utilizadas son distintivos básicos de nuestro proyecto. Por ello, las respuestas ofrecen, mediante un sistema de citas, las fuentes con las que han sido elaboradas.

Autores varios

Capitulaciones de la guerra de Granada

Barcelona 2025
Linkgua-ediciones.com

Créditos

Título original: Capitulaciones de la guerra de Granada.

e-mail:info@linkgua.com

Diseño de cubierta: Michel Mallard.i

ISBN rústica ilustrada: 978-84-9007-703-0.
ISBN ebook: 978-84-9897-598-7.

Sumario

Créditos 4

Brevísima presentación 7

Las Capitulaciones de la Guerra de Granada 9

Libros a la carta 25

Brevísima presentación

Las *Capitulaciones del reino de Granada* recogen las condiciones de rendición de los habitantes del último enclave del mundo islámico en España en el siglo XV. Entre éstas cabe señalar la invitación a marcharse a la «Berbería» (en el norte de África) a todos los que así lo quisiesen.

Las Capitulaciones de la Guerra de Granada

El texto de las Capitulaciones de la Guerra de Granada, según aparece en la obra de Mármol Rebelión y castigo... págs. 147-150, es el siguiente:

Primeramente, que el rey moro y los alcaides y alfaquís, cadís, meftís, alguaciles y sabios, y los caudillos y hombres buenos, y todo el común de la ciudad de Granada y de su Albaicin y arrabales, darán y entregarán a sus altezas o a la persona que mandaren, con amor, paz y buena voluntad, verdadera en trato y en obra, dentro de cuarenta días primeros siguientes, la fortaleza de la Alhambra y Alhizán, con todas sus torres y puertas, y todas las otras fortalezas, torres y puertas de la ciudad de Granada y del Albaicin y arrabales que salen al campo, para que las ocupen en su nombre con su gente y a su voluntad, con que se mande a las justicias que no consientan que los cristianos suban al muro que está entre el Alcazaba y el Albaicin, de donde se descubren las casas de los moros; y que si alguno subiere, sea luego castigado con rigor.
Que cumplido el término de los cuarenta días, todos los moros se entregarán a sus

altezas libre y espontáneamente, y cumplirán lo que son obligados a cumplir los buenos y leales vasallos con sus reyes y señores naturales; y para seguridad de su entrega, un día antes que entreguen las fortalezas darán en rehenes al alguacil Jucef Aben Comixa, con quinientas personas hijos y hermanos de los principales de la ciudad y del Albaicin y arrabales, para que estén en poder de sus altezas diez días, mientras se entregan y aseguran las fortalezas, poniendo en ellas gente y bastimientos; en el cual tiempo se les dará todo lo que hubieren menester para su sustento; y entregadas, los pornán en libertad.

Que siendo entregadas las fortalezas, sus altezas y el príncipe don Juan, su hijo, por sí y por los reyes sus sucesores, recibirán por sus vasallos naturales, debajo de su palabra, seguro y amparo real, al rey Abí Abdilehi, y a los alcaides, cadís, alfaquís, meftís, sabios, alguaciles, caudillos y escuderos, y a todo el común, chicos y grandes, así hombres como mujeres, vecinos de Granada y de su Albaicin y arrabales, y de las fortalezas, villas y lugares de su tierra y de la Alpujarra, y de los otros lugares que entraren debajo deste concierto y capitulación, de cualquier manera que sea, y los dejarán en sus Casas, haciendas y heredades, entonces y en todo tiempo y para siempre jamás, y no les consentirán hacer mal ni daño sin intervenir en ello justicia y haber causa, ni les quitarán sus bienes ni sus haciendas ni parte dello; antes serán acatados, honrados y respetados de sus súbditos y vasallos, como lo son todos los que viven debajo de su gobierno y mando.

Que el día que sus altezas enviaren a tomar posesión de la Alhambra, mandarán entrar su gente por la puerta de Bib Lacha o por la de Bibnest, o por el campo fuera de la ciudad, porque entrando por las calles no hayan algún escándalo.

Que el día que el rey Abí Abdilehi entregare las fortalezas y torres, sus altezas le mandarán entregar a su hijo con todos los rehenes, y sus mujeres y criados, excepto los que se hubieren vuelto cristianos.

Que sus altezas y sus sucesores para siempre jamás dejarán vivir al rey Abí Abdilehi y a sus alcaides, cadís, meftís, alguaciles, caudillos y hombres buenos y a todo el común, chicos y grandes, en su ley, y no les consentirán quitar sus mezquitas ni sus torres ni los almuedanes, ni les tocarán en los habices y rentas que tienen para ellas, ni les perturbarán los usos y costumbres en que están.

Que los moros sean juzgados en sus leyes y causas por el derecho del xara que tienen costumbre de guardar, con parecer de sus cadís y jueces.

Que no les tomarán ni consentirán tomar agora m en ningún tiempo para siempre jamás, las armas ni los caballos, excepto los tiros de pólvora chicos y grandes, los cuales han de entregar brevemente a quien sus altezas mandaren.

Que todos los moros, chicos y grandes, hombres y mujeres, así de Granada y su tierra como de la Alpujarra y de todos los lugares, que quisieren irse a vivir a Berbería o a otras partes donde les pareciere, puedan vender sus haciendas, muebles y raíces, de cualquier manera que sean, a quien y como les pareciere, y que sus altezas ni sus sucesores en ningún tiempo las quitarán ni consentirán quitar a los que las hubieren comprado; y que si sus altezas las quisieren comprar, las puedan tomar por el tanto que estuvieren igualadas, aunque no se hallen en la ciudad, dejando personas con su poder que lo puedan hacer.

Que a los moros que se quisieren ir a Berbería o a otras partes les darán sus altezas pasaje libre y seguro con sus familias, bienes muebles, mercaderías, joyas, oro, plata y todo género de armas, salvo los instrumentos y tiros de pólvora; y para los que quisieren pasar luego, les darán diez navíos gruesos que por tiempo de setenta días asistan en los puertos donde los pidieren, y los lleven libres y seguros a los puertos de Berbería, donde acostumbran llegar los navíos de mercaderes cristianos a contratar. Y demás desto, todos los que en término de tres años se quisieren ir, lo puedan hacer, y sus altezas les mandarán dar navíos donde los pidieren, en que pasen seguros, con que avisen cincuenta días antes, y no les llevarán fletes ni otra cosa alguna por ello.

Que pasados los dichos tres años, todas las veces que se quisieren pasar a Berbería lo puedan hacer, y se les dará licencia para ello pagando a sus altezas un ducado por cabeza y el flete de los navíos en que pasaren.

Que si los moros que quisieren irse a Berbería no pudieren vender sus bienes raíces que tuvieren en la ciudad de Granada y su Albaicin y arrabales, y en la Alpujarra y en otras partes, los puedan dejar encomendados a terceras personas con poder para cobrar los réditos, y que todo lo que rentaren lo puedan enviar a sus dueños a Berbería donde estuvieren, sin que se les ponga impedimento alguno.

Que no mandarán sus altezas ni el príncipe don Juan su hijo, ni los que después dellos sucedieren, para siempre jamás, que los moros que fueren sus vasallos traigan señales en los vestidos como los traen los judíos.

Que el rey Abdilehi ni los otros moros de la ciudad de Granada ni de su Albaicin y arrabales no pagarán los pechos que pagan por razón de las casas y posesiones por tiempo de tres años primeros siguientes, y que solamente pagarán los diezmos de agosto y otoño, y el diezmo de ganado que tuvieren al tiempo del dezmar, en el mes de abril y en el de mayo, conviene a saber, de lo criado, como lo tienen de costumbre pagar los cristianos.

Que al tiempo de la entrega de la ciudad y lugares, sean los moros obligados a dar y entregar a sus altezas todos los cautivos cristianos varones y hembras, para que los pongan en libertad, sin que por ellos pidan ni lleven cosa alguna; y que si algún moro hubiere vendido alguno en Berbería y se lo pidieren diciendo tenerlo en su poder, en tal caso, jurando en su ley y dando testigos como lo vendió antes destas capitulaciones, no le será mas pedido ni él esté obligado a darle.

Que sus altezas mandarán que en ningún tiempo se tomen al rey Ahí Abdilehi ni a los alcaides, cadís, meftís, caudillos, alguaciles ni escuderos las bestias de carga ni los criados para ningún servicio, si no fuere con su voluntad, pagándoles sus jornales justamente.

Que no consentirán que los cristianos entren en las mezquitas de los moros donde hacen su zalá sin licencia de los alfaquís, y el que de otra manera entrare será castigado por ello.

Que no permitirán sus altezas que los judíos tengan facultad ni mando sobre los moros ni sean recaudadores de ninguna renta.

Que el rey Abdilehi y sus alcaides, cadís, alfaquís, meftís, alguaciles, sabios, caudillos y escuderos, y todo el común de la ciudad de Granada y del Albaicin y arrabales, y de la Alpujarra y otros lugares, serán respetados y bien tratados por sus altezas y ministros, y que su razón será oída y se les guardarán sus costumbres y ritos, y que a todos los alcaides y alfaquís les dejarán cobrar sus rentas y gozar de sus preeminencias y libertades, como lo tienen de costumbre y es justo que se les guarde.

Que sus altezas mandarán que no se les echen huéspedes ni se les tome ropa ni aves ni bestias ni bastimentos de ninguna suerte a los moros sin su voluntad.

Que los pleitos que ocurrieren entre los moros serán juzgados por su ley y xara, que dicen de la Zuna, y por sus cadís y jueces, como lo tienen de costumbre, y que si el pleito fuere entre cristiano y moro, el juicio dél sea por alcalde cristiano y cadí moro, porque las partes no se puedan quejar de la sentencia.

Que ningún juez pueda juzgar ni apremiará ningún moro por delito que otro hubiere cometido, ni el padre sea preso por el hijo, ni el hijo por el padre, ni hermano contra hermano, ni pariente por pariente, sino que el que hiciere el mal aquel lo pague.

Que sus altezas harán perdón general a todos los moros que se hubieren hallado en la prisión de Hamete Abí Alí, su vasallo, y así a ellos como a los lugares de Cabtil, por los cristianos que han muerto ni por los deservicios que han hecho a sus altezas, no les será hecho mal ni daño, ni se les pedirá cosa de cuanto han tomado ni robado.

Que si en algún tiempo los moros que están cautivos en poder de cristianos huyeren a la ciudad de Granada o a otros lugares de los contenidos en estas capitulaciones, sean libres, y sus dueños no los puedan pedir ni los jueces mandarlos dar, salvo si fueren canarios o negros de Gelofe o de las islas.

Que los moros no darán ni pagarán a sus altezas mas tributo que aquello que acostumbran a dar a los reyes moros.

Que a todos los moros de Granada y su tierra y de la Alpujarra, que estuvieren en Berbería, se les dará término de tres años primeros siguientes para que si quisieren puedan venir y entrar en este concierto y gozar dél. Y que si hubieren pasado algunos cristianos cautivos a Berbería, teniéndolos vendidos y fuera de su poder, no sean obligados a traerlos ni a volver nada del precio en que los hubieren vendido.

Que si el Rey ti otro cualquier moro después de pasado a Berbería quisiere volverse A España, no le contentando la tierra ni el trato de aquellas partes, sus altezas les darán licencia por término de tres años para poderlo hacer, y gozar destas capitulaciones como todos los demás.

Que si los moros que entraren debajo destas capitulaciones y conciertos quisieren ir con sus mercaderías A tratar y contratar en Berbería, se les dará licencia para poderlo hacer libremente, y lo mismo en todos los lugares de Castilla y de la Andalucía, sin pagar portazgos ni los otros derechos que los cristianos acostumbran pagar.

Que no se permitirá que ninguna persona maltrate de obra ni de palabra a los cristianos o cristianas que antes destas capitulaciones se hubieren vuelto moros; y que si algún moro tuviere alguna renegada por mujer, no será apremiada a ser cristiana contra su voluntad, sino que será interrogado en presencia de cristianos y de moros, y se seguirá su voluntad; y lo mismo se entenderá con los niños y niñas nacidos de cristiana y moro.

Que ningún moro ni mora serán apremiados a ser cristianos contra su voluntad; y que si alguna doncella o casada o viuda, por razón de algunos amores, se quisiere tomar cristiana, tampoco será recibida hasta ser interrogada; y si hubiere sacado alguna ropa o joyas de casa de sus padres o de otra parte, se restituirá a su dueño, y serán castigados los culpados por justicia.

Que sus altezas ni sus sucesores en ningún tiempo pedirán al rey Abí Abdilehi ni a los de Granada y su tierra, ni a los demás que entraren en estas capitulaciones, que restituyan caballos, bagajes, ganados, oro, plata, joyas, ni otra cosa de lo que hubieren ganado en cualquier manera durante la guerra y rebelión, así de cristianos como de moros mudéjares o no mudéjares; y que si algunos conocieren las cosas que les han sido tomadas, no las puedan pedir; antes sean castigados si las pidieren.

Que si algún moro hubiere herido o muerto cristiano o cristiana siendo sus cautivos, no les será pedido ni demandado en ningún tiempo.

Que pasados los tres años de las franquezas, no pagarán los moros de renta de las haciendas y tierras realengas mas de aquello que justamente pareciere que deben pagar conforme al valor y calidad dellas.

Que los jueces, alcaldes y gobernadores que sus altezas hubieren de poner en la ciudad de Granada y su tierra, serán personas tales que honrarán a los moros y los tratarán amorosamente, y les guardarán estas capitulaciones; y que si alguno hiciere cosa indebida, sus altezas lo mandarán mudar y castigar.

Que sus altezas y sus sucesores no pedirán ni demandarán al rey Abdilehi ni a otra persona alguna de las contenidas en estas capitulaciones, cosa que hayan hecho, de cualquier condición que sea, hasta el día de la entrega de la ciudad y de las fortalezas.

Que ningún alcaide, escudero ni criado del rey Zagal no terná cargo ni mando en ningún tiempo sobre los moros de Granada.

Que por hacer bien y merced al rey Ahí Abdilehi y a los vecinos y moradores de Granada y de su Albaicin y arrabales, mandarán que todos los moros cautivos, así hombres como mujeres, que estuvieren en poder de cristianos, sean libres sin pagar cosa alguna, los que se hallaren en la Andalucía dentro de cinco meses, y los que en Castilla dentro de ocho; y que dos días después que los moros hayan entregado los cristianos cautivos que hubiere en Granada, sus altezas les mandarán entregar doscientos moros y moras. Y demás desto pondrán en libertad a Aben Adrami, que está en poder de Gonzalo Hernández de Córdoba, y a Hozmin, que está en poder del conde de Tendilla, y a Reduan, que lo tiene el conde de Cabra, y a Aben Mueden y al hijo del alfaquí Hademi, que todos son hombres principales vecinos de Granada, y a los cinco escuderos que fueron presos en la rota de Brahem Abenc errax, sabiéndose dónde están.

Que todos los moros de la Alpujarra que vinieren a servicio de sus altezas darán y entregarán dentro de quince días todos los cautivos cristianos que tuvieren en su poder, sin que se les dé cosa alguna por ellos; y que si alguno es tuviere igualado por trueco que dé otro moro, sus altezas mandarán que los jueces se lo hagan dar luego.

Que sus altezas mandarán guardar las costumbres que tienen los moros en lo de las herencias, y que en lo tocante a ellas serán jueces sus cadís.

Que todos los otros moros, demás de los contenidos en este concierto, que quisieren venirse al servicio de sus altezas dentro de treinta días, lo puedan hacer y gozar dél y de todo lo en él contenido, excepto de la franqueza de los tres años.

Que los habices y rentas de las mezquitas, y las limosnas y otras cosas que se acostumbran dar a las mudarazas y estudios y escuelas donde enseñan a los niños, quedarán a cargo de los alfaquís para que los distribuyan y repartan como les pareciere, y que sus altezas ni sus ministros no se entremeterán en ello ni en parte dello,

ni mandarán tomarlas ni depositarías en ningún tiempo para siempre jamás.
Que sus altezas mandarán dar seguro a todos los navíos de Berbería que estuvieren en los puertos del reino de Granada, para que se vayan libremente, con que no lleven ningún cristiano cautivo, y que mientras estuvieren en los puertos no consentirán que se les haga agravio ni se les tomará cosa de sus haciendas; mas si embarcaren o pasaren algunos cristianos cautivos, no les valdrá este seguro, y para ello han de ser visitados a la partida.
Que no serán compelidos ni apremiados los moros para ningún servicio de guerra contra su voluntad, y si sus altezas quisieren servirse de algunos de a caballo, llamándolos para algún lugar de la Andalucía, les mandarán pagar su sueldo desde el día que salieren hasta que vuelvan a sus casas.
Que sus altezas mandarán guardar las ordenanzas de las aguas de fuentes y acequias que entran en Granada, y no las consentirán mudar, ni tomar cosa ni parte dellas; y si alguna persona lo hiciere, o echare alguna inmundicia dentro, será castigado por ello.
Que si algún cautivo moro, habiendo dejado otro moro en prendas por su rescate, se hubiere huido a la ciudad de Granada o a los lugares de su tierra, sea libre, y no

obligado el uno ni el otro a pagar el tal rescate, ni las justicias le compelan a ello.
Que las deudas que hubiere entre los moros con recaudos y escrituras se mandarán pagar con efecto, y que por virtud de la mudanza de señorío no se consentirá sino que cada uno pague lo que debe.
Que las carnicerías de los cristianos estarán apartadas de las de los moros, y no se mezclarán los bastimentos de los unos con los de los otros; y si alguno lo hiciere, será por ello castigado.
Que los judíos naturales de Granada y de su Albaicin y arrabales, y los de la Alpujarra y de todos los otros lugares contenidos en estas capitulaciones, gozarán dellas, con que los que no hubieren sido cristianos se pasen a Berbería dentro de tres años, que corran desde 8 de diciembre deste año.
Y que todo lo contenido en estas capitulaciones lo mandarán sus altezas guardar desde el día que se entregaren las fortalezas de la ciudad de Granada en adelante. De lo cual mandaron dar, y dieron su carta y provisión real firmada de sus nombres, y sellada con su sello, y refrendada de Hernando de Zafra, su secretario, su fecha en el real de la vega de Granada, a 28 días del mes de noviembre del año de nuestra salvación 1491.

Libros a la carta

A la carta es un servicio especializado para
empresas,
librerías,
bibliotecas,
editoriales
y centros de enseñanza;
y permite confeccionar libros que, por su formato y concepción, sirven a los propósitos más específicos de estas instituciones.

Las empresas nos encargan ediciones personalizadas para marketing editorial o para regalos institucionales. Y los interesados solicitan, a título personal, ediciones antiguas, o no disponibles en el mercado; y las acompañan con notas y comentarios críticos.

Las ediciones tienen como apoyo un libro de estilo con todo tipo de referencias sobre los criterios de tratamiento tipográfico aplicados a nuestros libros que puede ser consultado en Linkgua-ediciones.com.

Linkgua edita por encargo diferentes versiones de una misma obra con distintos tratamientos ortotipográficos (actualizaciones de carácter divulgativo de un clásico, o versiones estrictamente fieles a la edición original de referencia).

Este servicio de ediciones a la carta le permitirá, si usted se dedica a la enseñanza, tener una forma de hacer pública su interpretación de un texto y, sobre una versión digitalizada «base», usted podrá introducir interpretaciones del texto fuente. Es un tópico que los profesores denuncien en clase los desmanes de una edición, o vayan comentando errores de interpretación de un texto y esta es una solución útil a esa necesidad del mundo académico.

Asimismo publicamos de manera sistemática, en un mismo catálogo, tesis doctorales y actas de congresos académicos, que son distribuidas a través de nuestra Web.

El servicio de «libros a la carta» funciona de dos formas.

1. Tenemos un fondo de libros digitalizados que usted puede personalizar en tiradas de al menos cinco ejemplares. Estas personalizaciones pueden ser de todo tipo: añadir notas de clase para uso de un grupo de estudiantes, introducir logos corporativos para uso con fines de marketing empresarial, etc. etc.

2. Buscamos libros descatalogados de otras editoriales y los reeditamos en tiradas cortas a petición de un cliente.

Printed in Poland
by Amazon Fulfillment
Poland Sp. z o.o., Wrocław

69735779R00018